Construyamos un patio de juegos

Figuras tridimensionales

Joshua Rae Martin

Créditos

Dona Herweck Rice, *Gerente de redacción*; Lee Aucoin, *Directora creativa*; Don Tran, *Gerente de diseño y producción*; Sara Johnson, *Editora superior*; Evelyn Garcia, *Editora asociada*; Neri Garcia, *Composición*; Stephanie Reid, *Investigadora de fotos*; Rachelle Cracchiolo, M.A.Ed., *Editora comercial*

Créditos de las imágenes

Teacher Created Materials

5301 Oceanus Drive
Huntington Beach, CA 92649-1030
http://www.tcmpub.com
ISBN 978-1-4333-2747-6
©2011 Teacher Created Materials, Inc.

Tabla de contenido

El concurso para construir un patio de juegos

La escuela de la calle Cook recaudó dinero para construir un nuevo patio de juegos. Los estudiantes, los padres y los maestros ayudaron. Decidieron tener un concurso para el nuevo **diseño**.

Cada clase puede pensar
en qué les gustaría construir.
Pueden hacer un modelo con
bloques. Unos jueces escogerán
el mejor diseño.

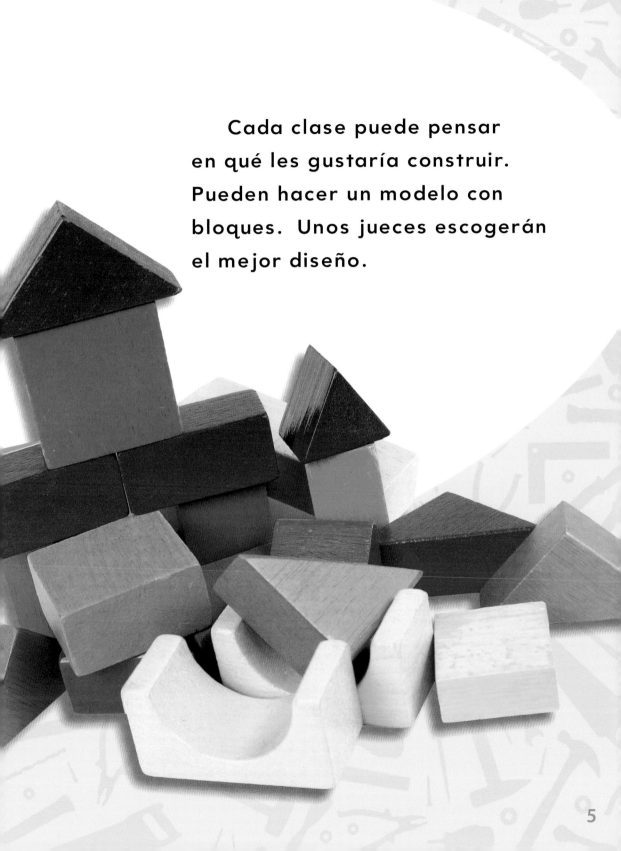

Hay 4 clases que piensan hacer un diseño del patio de juegos. Las clases ya conocen las figuras bidimensionales. Estas son figuras planas como los círculos y los triángulos. La mayoría de las figuras planas tiene las **dimensiones** de **anchura** y **longitud**.

Los estudiantes aprenden sobre las figuras tridimensionales. Estas figuras son figuras sólidas. Tienen 3 dimensiones las cuales son la longitud, la anchura y la **altura**.

Exploremos las matemáticas

Otro nombre para las figuras de dos dimensiones es 2D. Otro nombre para las tridimensionales es 3D. Observa los siguientes objetos. Luego contesta las preguntas.

1.   2.   3.   4.

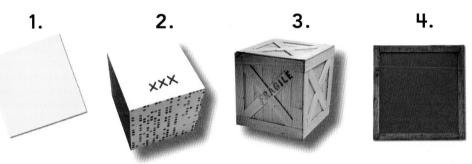

a. ¿Qué objetos son figuras de dos dimensiones?

b. ¿Qué objetos son figuras tridimensionales?

En busca de figuras tridimensionales

Los niños descubren que es fácil encontrar figuras de tres dimensiones. Las buscan en sus casas. También visitan un parque. Hablan sobre las clases de figuras que ven.

cilindro	
cubo	
prisma rectangular	
cono	
pirámide	
esfera	

Los niños ven cómo se usan las figuras en el parque. Algunas están apiladas. Otras están conectadas. Los estudiantes comienzan a entender cómo pueden usar los bloques para sus modelos.

Exploremos las matemáticas

Éste es un prisma rectangular. Tiene lados largos y lados cortos. Los lados se llaman **caras**. ¿Cuántas caras tiene esta figura?

Un grupo de estudiantes hace escaleras con bloques. Usan **cubos** y prismas rectangulares.

Los cubos son prismas rectangulares. Sin embargo, todas las caras de un cubo tienen el mismo tamaño. Los cubos tienen 6 caras y 8 vértices. Otra palabra que se utiliza para nombrar a los **vértices** es esquinas.

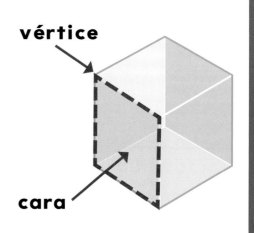

vértice

cara

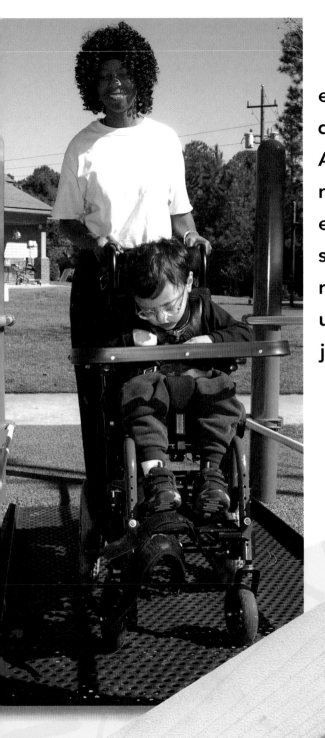

Otros estudiantes encuentran bloques que harán rampas. Algunos estudiantes no pueden subir escaleras. Están en sillas de ruedas. Las rampas les permitirán usar el patio de juegos.

Usemos los diseños

Algunos estudiantes empiezan a pensar en cómo se pueden usar sus diseños. Éste puede convertirse en un patio de juegos con una resbaladilla. Los niños también pueden arrastrarse por los túneles de abajo.

Dentro de los cilindros podría haber cuerdas o escaleras para trepar.

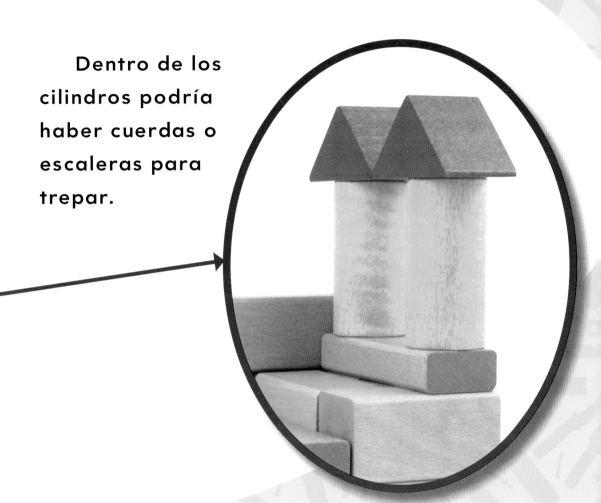

El **cilindro** es una figura tridimensional de 2 caras. Las caras tienen forma de círculos. Una de ellas se llama **base**. La base es la parte inferior de la figura.

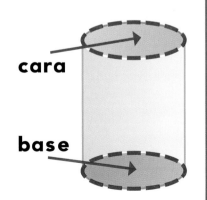

cara

base

13

Los estudiantes de la clase del maestro Hayes quieren crear algo que les guste a los niños pequeños. Una de las niñas en la clase vive cerca de un parque que tiene una área de juego en forma de tren. Ella trae una fotografía del juego.

Los estudiantes hacen un modelo de la locomotora. Utilizan cilindros y prismas rectangulares. ¡Incluso hacen un maquinista con los bloques!

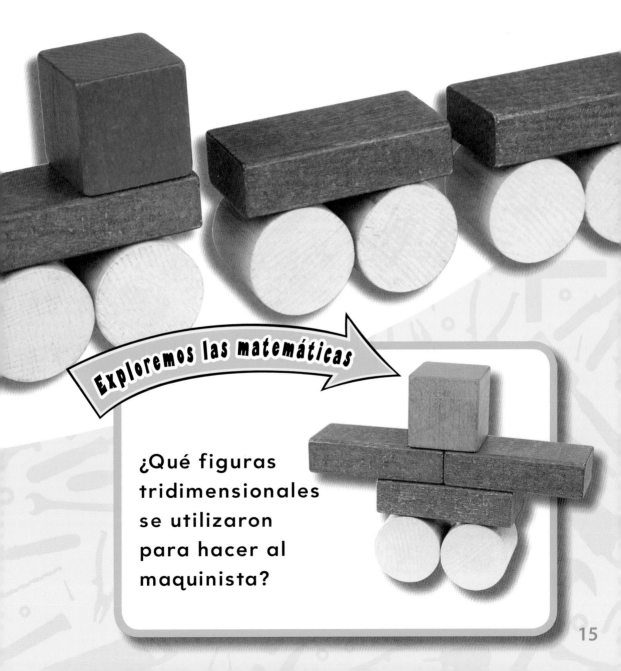

Exploremos las matemáticas

¿Qué figuras tridimensionales se utilizaron para hacer al maquinista?

La maestra Cruz vive cerca de un parque que tiene un gran patio de juegos en forma de fuerte. Trae una fotografía del juego. A los estudiantes les gusta la idea de un fuerte.

Juntan algunos bloques y comienzan con un muro y unas torres. Piensan agregarle escaleras y cuerdas en el interior. Es posible que también haya espacio para un muro para escalar.

Se pueden crear muchas cosas con troncos. Observa los troncos utilizados para construir este muro para escalar.

A un estudiante de la clase del maestro Price le gusta este parque. La clase piensa que podría ser cosas diferentes. Podría ser un castillo o un fuerte. También podría ser un tren o una estación espacial.

Exploremos las matemáticas

A los albañiles les gusta usar las figuras más de una vez. Observa la parte superior del patio de juegos. ¿Cuántas **pirámides** encuentras?

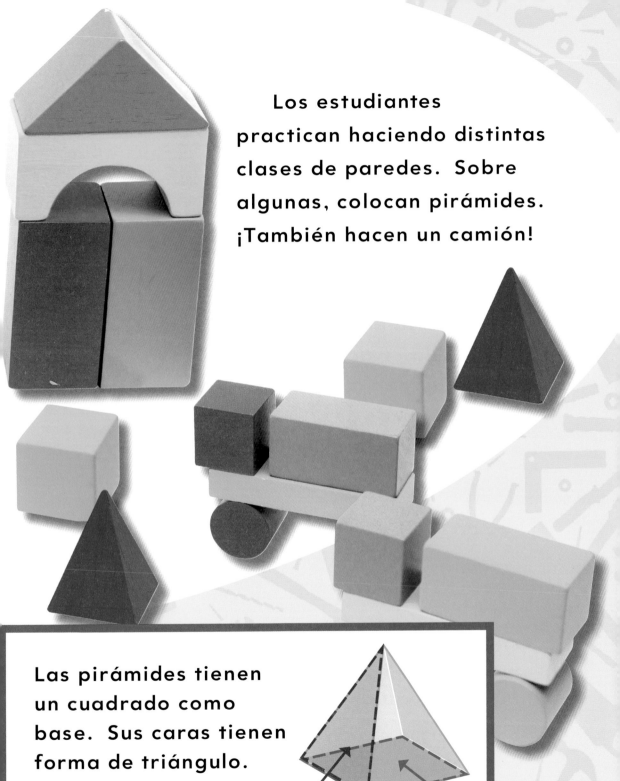

Los estudiantes practican haciendo distintas clases de paredes. Sobre algunas, colocan pirámides. ¡También hacen un camión!

Las pirámides tienen un cuadrado como base. Sus caras tienen forma de triángulo.

cara　　　**base**

Más diseños

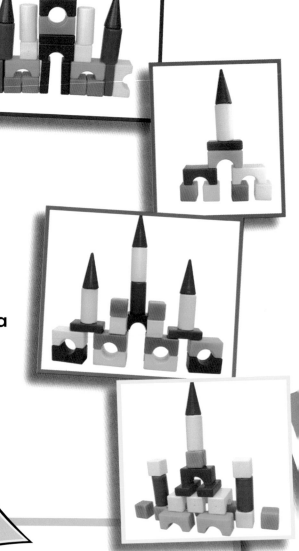

Algunos de los estudiantes de la clase de la maestra Myer quieren un tema de un cohete espacial. A otros les gusta el tema de un castillo. Hacen 4 modelos. Se dan cuenta de que muchos de sus modelos usan muchas de las mismas figuras tridimensionales.

Exploremos las matemáticas

Observa los distintos modelos que hicieron los estudiantes de la maestra Myer. Luego contesta las preguntas.

a. ¿Cuántos cubos se usan en total?

b. ¿Cuántos cilindros se usan en total?

Los estudiantes pueden ver que les gusta la misma clase de juegos. Todos quieren tener lugares para trepar, arrastrarse e imaginar.

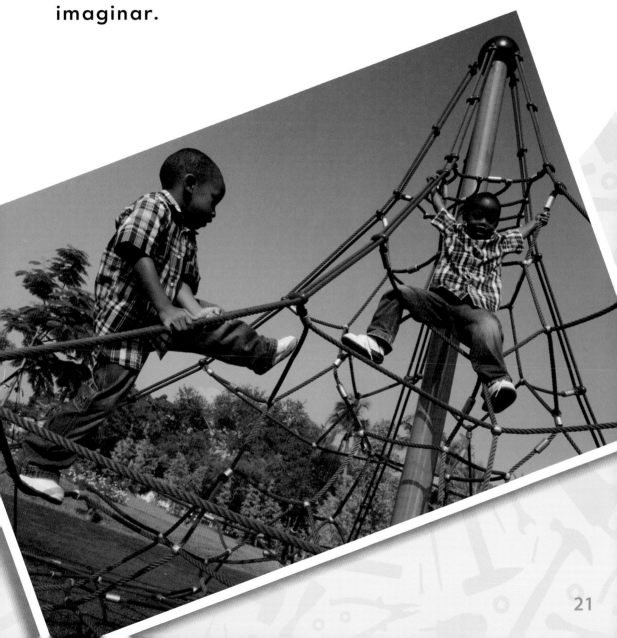

¡Llega el gran día! Los estudiantes entregan sus modelos. Los jueces los examinan. ¡Todos son muy buenos! Es difícil elegir sólo uno.

¿Lo sabías?

Algunos patios de juegos no están hechos para niños en sillas de ruedas. Las rampas ayudan a que más niños los disfruten.

Los jueces deciden que les gustan partes de los 4 modelos. El patio de juegos es grande. Hay espacio para muchas buenas ideas. A los jueces se les ocurre un gran plan.

Los diseños finales

El patio de juegos tendrá 2 partes. Una será para los niños más pequeños. Tendrá forma de tren. Se usarán las ideas de los estudiantes de la clase del maestro Hayes.

Le agregan 1 parte sensacional.
Colocan las ruedas del tren bien abajo.
¡Los niños que no pueden caminar pueden
girar las ruedas!

Exploremos las matemáticas

Observa el modelo final. Luego contesta las preguntas.

a. ¿Cuántos cilindros se utilizaron?

b. Hay 4 círculos para las ruedas del tren. ¿Los círculos son figuras bidimensionales o tridimensionales?

La otra parte del patio de juegos
es muy grande. Permite que todos
los niños se diviertan juntos. ¡A los
niños les encantan los planes finales!
Algunos piensan que es un castillo.

A otros les parece que es una estación de trenes. Los demás piensan que es un fuerte. ¿A ti qué te parece?

Construyamos un modelo

La familia Martínez vio una fotografía de este patio de juegos y decidió hacer un modelo con bloques de madera. ¿Qué figuras tridimensionales necesitan para construir el modelo?

a. ¿Cuántos cubos deben usar?

b. ¿Cuántos cilindros deben usar?

c. ¿Cuántas pirámides deben usar?

d. ¿Cuántas rampas deben usar?

e. ¿Cuántos prismas rectangulares deben usar?

¡Resuélvelo!

Sigue estos pasos para resolver el problema.

Paso 1: Observa el patio de juegos. Piensa en el tipo de bloques que usarías para construir el modelo. Recuerda que la figura se vería sólida en el modelo.

Paso 2: Cuenta los cubos para resolver el problema a. Cuenta los cilindros para resolver el problema b.

Paso 3: Cuenta las pirámides para resolver el problema c. Cuenta las partes que están inclinadas para resolver el problema d.

Paso 4: Cuenta los prismas rectangulares para resolver el problema e. Cuenta todos los que observes. Algunos están ocultos detrás de las rampas. Agrégalos a tu suma.

Glosario

altura—cuánto mide de alto un objeto

anchura—cuánto mide de ancho un objeto

base—cara sobre la que se apoya una figura tridimensional

cara—parte plana de un objeto tridimensional

cilindro—figura tridimensional que tiene 2 caras circulares y 1 lado curvo

cubo—cuerpo geométrico que tiene 6 lados iguales

dimensión—longitud, anchura o altura de un objeto

diseño—plan para construir un edificio u otra estructura

longitud—cuánto mide de largo un objeto

pirámide—cuerpo geométrico que tiene una base plana y 4 lados que forman una punta en la parte superior

vértice—punto donde se unen 2 o más bordes

Índice

Exploremos las matemáticas

Página 7:
a. Los objetos 1 y 4

b. Los objetos 2 y 3

Página 9:
6 caras

Página 15:
Un cubo, prismas rectangulares y cilindros.

Página 18:
7 pirámides

Página 20:
a. 21 cubos

b. 12 cilindros

Página 25:
a. 2 cilindros

b. Figuras bidimensionales

Resuelve el problema

a. 3 cubos

b. 1 cilindro

c. 1 pirámide

d. 2 rampas

e. 12 prismas rectangulares

Construyamos un patio de juegos

Figuras tridimensionales

En una escuela organizan un concurso para diseñar el nuevo patio de juegos. Los estudiantes construyen modelos con bloques y usan figuras tridimensionales en sus diseños. Algunos niños hacen un tren con los bloques. ¿Puedes adivinar qué figura tridimensional usan para hacer las ruedas? Lee el libro para descubrir cuál es el diseño ganador.

Geometría

TCM 13747

ISBN 978-1-4333-2747-6

50000

9 781433 327476

Las figuras a tu alrededor

Figuras de tres dimensiones

Julia Wall